BEI GRIN MACHT SICH IHR WISSEN BEZAHLT

Bibliografische Information der Deutschen Nationalbibliothek:

Die Deutsche Bibliothek verzeichnet diese Publikation in der Deutschen National-
bibliografie; detaillierte bibliografische Daten sind im Internet über http://dnb.d-
nb.de/ abrufbar.

Impressum:

Copyright © 2019 GRIN Verlag
Druck und Bindung: Books on Demand GmbH, Norderstedt Germany
ISBN: 9783668955677

Dieses Buch bei GRIN:

https://www.grin.com/document/489684

Anonym

Islamischer Staat. Theorie und Praktiken

GRIN Verlag

„Islamischer Staat" – Kann die praktische Umsetzung mit dem theoretischen Konzept in Einklang gebracht werden?

Oberthema: „Das Profane und das Heilige"

Inhaltsverzeichnis

Einleitung

Das Video der Hinrichtung des jordanischen Piloten Muaz al-Kasaesbeh durch die Terrormiliz „Islamischer Staat" (IS) ging im Februar 2015 um die Welt. Der IS hatte al-Kasaesbeh im Dezember 2014 gefangengenommen, ihn in einen Käfig gesperrt und bei lebendigem Leib verbrannt. Das Video der Tat veröffentlichte der „Islamische Staat" im Internet, die Reaktionen darauf waren enorm. Die Verbrennung ging zwar selbst vielen Sympathisanten der Miliz zu weit, dennoch hatte der IS erreicht, was er erreichen wollte: globale Aufmerksamkeit für die eigene Sache. Diese Aufmerksamkeit wurde und wird noch heute genutzt um Anhänger für ihre fanatische Ideologie und Ziele zu gewinnen.

Bei Nachrichten über den „Islamischen Staat" fallen immer die Begriffe „Dschihad", „Kalifat", „Heiliger Krieg". Doch was ist der „Islamische Staat" und wie kann er mit dem Islam in Verbindung gebracht werden?

Der „Islamische Staat", gebildet aus der Terrororganisation „al-Qaida", ist eine aktive terroristische Miliz[1], die vor allem in Syrien und im Irak aktiv ist, aber auch in Afghanistan, Ägypten, Nigeria, Ost-Afrika[2] . Der heutige „Islamische Staat" wird als die bisher mächtigste, grausamste aber auch reichste Terrororganisation der Welt bezeichnet. Weiterhin bekennt sich der Islamische Staat auch zu zahlreichen Terroranschlägen in Europa wie zum Beispiel 2015 in Paris. Das Ziel der Bewegung ist die Errichtung eines staatsähnlichen „Kalifates".

Aufgrund der Komplexität des Themas befasst sich diese Arbeit hauptsächlich mit dem „Islamischen Staat in Syrien und im Irak" (ISIS). Die praktische Umsetzung des „Islamischen Staates" wird mit der dahinterstehenden Theorie verglichen. Da nicht alle Fakten über den „Islamischen Staat" bekannt sind beruht diese Hausarbeit auf dem derzeitigen Erkenntnisstand. Die hauptsächlichen verwendeten Materialien sind Zeitungsberichte und wissenschaftliche Arbeiten.

---

[1] militärischer Verband

[2] https://www.lpb-bw.de/islamischer-staat.html(20.05.2019)

1. ENTSTEHUNG DES „ISLAMISCHEN STAATS"

1.1 WAS IST EIN DSCHIHAD?

Wörtlich übersetzt bedeutet Dschihad[3]: Bemühung oder Anstrengung.[4]

Der Begriff Dschihad bezeichnet allgemein den Einsatz der Gläubigen für den Islam, wobei dieser Einsatz nicht von vornherein militärisch verstanden werden muss. Es gibt die Unterteilung in den großen und den kleinen Dschihad. Der große Dschihad ist der friedliche innere Kampf des Einzelnen, in dem er seine Begierden überwindet und den Verführungen, die ihn vom Pfad des rechten Glaubens abbringen können, widersteht. Hingegen ist der kleine Dschihad der nach außen gerichtete Kampf gegen Ungläubige; nur auf ihn trifft die gängige Übersetzung "heiliger Krieg" zu. Der kleine Dschihad wird oft als Legitimation für Terroranschläge und andere kriegerische Akte verwendet. Salafisten[5] verbreiten die Ansicht, dass der Dschihad der sechste Grundpfeiler des Islams ist. Die anderen Grundpfeiler sind: das Glaubensbekenntnis, das Gebet, das Fasten, die soziale Pflichtabgabe und die Pilgerreise nach Mekka. Dadurch sei jeder Muslim verpflichtet seine „Glaubensbrüder" militärisch zu unterstützen.[6]

Der bewaffnete Kampf (um muslimische Gebiete zu verteidigen) ist im Islam nur unter eng definierten Bedingungen zulässig. Religionsgelehrte müssen ihn ausdrücklich billigen. Führende Terroristen wie einst Osama bin Laden oder der Anführer des „Islamischen Staates" Abu Bakr al-Baghdadi sind keine Rechtsgelehrten. Sie sind deshalb nicht befugt, einen gewaltsamen Dschihad auszurufen oder für ihn zu werben. Terrorismus, also die Ausübung schwerster Gewalttaten gegen Menschen und Einrichtungen, ist unter keinen Bedingungen mit den islamischen Normen vereinbar.[7]

---

[3] Englisch: Jihad.

[4] https://dict.leo.org/englisch-deutsch/Dschihad (06.02.2019)

[5] Salafismus = Rückbesinnung auf die Vorfahren / Wiederherstellung alter Muster

[6] https://www.antworten-auf-salafismus.de/salafismus/jihad-dschihad/index.php (06.02.2019)

[7] https://www.deutschlandfunk.de/der-dschihad-der-heilige-krieg.724.de.html?dram:article_id=97298 (06.02.2019)

1.2 HISTORISCHER HINTERGRUND

Die Ursprünge der gegenwärtigen dschihadistischen Organisationen im Nahen Osten lassen sich über mehrere aufeinander bezogenen Prozesse zurückverfolgen. Die extremste Erscheinungsform, der "Islamische Staat", ist als Reaktion auf die von den USA angeführten Angriffe auf den Irak und infolge der nachfolgenden Besatzung entstanden. Durch anarchistische[8] Zustände und Menschenrechtsverletzungen konnten bewaffnete Kampfgruppen mit ihrer islamisch geprägten Befreiungs- oder Vergeltungsstrategie entstehen. In den verschiedenen Entwicklungsstufen sind bestimmte Führer an unterschiedlichen Orten in Erscheinung getreten, die zugleich jeweils eigene Generationen an dschihadistischen Kämpfern hervorbrachten und eigene ideologische Ideen verfolgten.[9]

Zu den Anführern der ersten Generation zählen Abdullah Azzam und Osama bin Laden, die zu Beginn die al-Qaida-Organisation gegründet haben. Al-Qaida war eine der ersten Organisation von Dschihadisten mit überregionaler Ausprägung. Der Jordanier Abu Musab al-Zarqawi steht für die zweite Generation von Dschihadisten und er kämpfte für al-Qaida in Afghanistan. Durch seine Bekanntschaft mit bin Laden wird al-Zarqawi bin Ladens Mann für den Irak. Im Jahr 2003 trat al-Zarqawi im Irak als al-Qaida-Vertretung in Erscheinung. Nach dem Irak-Krieg im Jahr 2003 nennen sich al-Zarqawis Männer in „al-Qaida im Irak" um. Al-Zarqawis Ziel hat sich mit der Zeit fortentwickelt: Von der ursprünglich anvisierten Befreiung des Iraks von der amerikanischen Besatzung hin zu der "Errichtung eines Islamischen Staates". Der Kampf al-Zarqawis richtete sich nun zu einem großen Teil gegen andere islamische Gruppierungen. Im Laufe der Zeit wurde deshalb immer fraglicher, ob die Gruppe um al-Zarqawi herum sich selbst noch als Untereinheit der al-Qaida verstand. Als die USA in den Irak einmarschieren, werden viele tausend Iraker plötzlich arbeitslos und schließen sich al-Zarqawi an. Im Jahr 2006 wird er durch eine US-Bombe getötet.

Sein Nachfolger Omar al-Baghdadi nennt den al-Qaida-Ableger in „Islamischer Staat im Irak"(ISI) um. Abu Omar al-Baghdadi wird im Jahr 2010 bei einem US-Luftangriff getötet. Sein Nachfolger ist der heute immer noch aktive IS-Kalif[10] Abu Bakr al-Baghdadi.[11] Mit Abu Bakr al-Baghdadi als neuen Anführer zielten die Kämpfe in erster Linie darauf ab, Boden zu gewinnen. Dem „Islami-

---

[8] Anarchie = Herschaftslosigkeit

[9] http://www.bpb.de/politik/extremismus/islamismus/202373/der-islamische-staat-interne-struktur-und-strategie
(15.04.2019)

[10] Nachfolger des Propheten Mohammeds, religiöse und politische Führung der islamischen Gemeinde (siehe 1.3 und
1.4)

[11] https://www.tagesspiegel.de/kultur/arabisch-islamische-geschichte-die-rueckwaertsgewandte-   utopie-der-is-
milizen/10374892-2.html (22.04.2019)

schen Staat im Irak" ging es zunehmend um die Erlangung von Macht und Zugang zu lokalen Ressourcen. Damit richteten sie sich gegen alle anderen Gruppierungen, die in den entsprechenden Gebieten aktiv sind. Der ISI konzentrierte sich nun nicht mehr nur auf das irakische Territorium, sondern ging darüber hinaus, sodass auch Kämpfe auf syrischem Boden geführt wurden. Die Kämpfe zielten auf die Eroberung von Gebieten mit Öl- beziehungsweise Nahrungsressourcen ab oder auf Städte mit strategischer Bedeutung. Die Gruppe um al-Baghdadi nannte sich nun in „Islamischer Staat im Irak und Syrien" (ISIS) um. Al-Baghdadi erklärte schließlich den Krieg gegen alle dschihadistischen Kämpfer, die nicht die eigenen Vorstellungen teilten. Die Folge dieser Haltung ist, dass man dem Zusammenhalt mit anderen islamischen Bewegungen zur Bekämpfung des auswärtigen Feindes keine Bedeutung mehr beimessen wollte.[12]

1.3 DEFINITION EINES KALIFATS

Die Definition der Staatsform „Kalifat" birgt viel Interpretationsspielraum. Die bekannteste Vorstellung beinhaltet die Gleichstellung des Kalifen mit dem Propheten Mohammed und damit den Vorstand über die gesamte muslimische Bevölkerung. Ableiten kann man diese Vormachtstellung vom Tod Mohammeds und von den ersten vier Kalifen, die in direkter Verbindung zu Mohammed standen, jedoch nicht lange lebten. In der Zeit dieser vier Kalifen blühte der Islam auf und verbreitete sich über die Arabische Halbinsel[13]. Das Reich wuchs, sodass sich noch ein anderer Kalif neben Ali, dem letzten der vier Kalifen in Damaskus ausrufen ließ. Dieser berief sich auf „Abu Bakr" den ersten der vier. Ali bekämpfte den anderen Kalifen, um sein Reich zu beschützen und zu bewahren. Dieser „Bürgerkrieg" wurde nie beendet, sodass oftmals mehrere Kalifate parallel existierten.

Das Kalifat weist unter anderem viele Gemeinsamkeiten mit unserem Kaisertum auf. Die wohl größte davon ist die Legitimation durch Gott bzw. Allah. Da es nach den ersten vier Kalifen, fast immer mehrere Kalifate gab waren somit nicht alle Muslime Teil des gleichen Kalifates. Deswegen hat dieses System noch nie funktioniert[14].

Am 29. Juni 2014 rief der IS-Führer Abu Bakr al-Baghdadi in Mossul das Kalifat aus. Damit ernannte er sich selbst zum Kalifen und beanspruchte die Führung aller Muslime, womit er

[12] Reuter, Christoph: Die schwarze Macht. Der „Islamische Staat" und die Strategen des Terrors, Bonn 2015.

[13] https://www.tagesspiegel.de/kultur/literatur/geschichte-des-kalifats-vom-ideal-des-weisen-herrschers-im-islam/21092950.html

[14] https://blog.zeit.de/radikale-ansichten/2014/06/30/bedeutet-die-ausrufung-des-kalifats-durch-isis/(23.04.2019)

den Grundstein für sein Ziel, die Errichtung eines Gottesstaates legte. Er nutzte damit die mit dem Begriff Kalifat verbundenen Vorstellungen der Blütezeit und Herrschaft des Islams aus, um seine Machtposition und die des „Islamischen Staates" zu festigen[15]

Durch seinen Namen „Abu Bakr" verbindet er sein Kalifat mit den ersten vier Kalifen, die „rechtgeleiteten Kalifen"[16] und seinem sunnitischen Glauben[17]. Dadurch entsteht ein Widerspruch zwischen einem geeinten Islam, wie er bei den rechtgeleiteten Kalifen herrschte, und seiner Politik: Durch die Bekämpfung anderer Muslime, wie z.b. Schiiten, verstößt er allerdings gegen diesen Gedanken des Kalifats.[18]

1.4 DER KALIF DES „ISLAMISCHEN STAATES": ABU BAKR AL-BAGHDADI

Abu Bakr al-Baghdadi ist im Jahr 1971 im Irak geboren. Doch dies ist nicht sein richtiger Name, er gab sich diesen Namen selbst als Kampfnamen. Sein richtiger Name lautet "Ibrahim Awad Ibrahim al-Badri". Er machte sein Abitur und studierte Koranwissenschaften. Nach seinem Studium arbeite er als Moscheeverwalter. Im Jahr 2003 schloss er sich der sunnitischen Widerstandsgruppe Ansar as-Sunna an. Ein Jahr später wurde er durch US-Streitkräfte verhaftet und bis Dezember 2004 im Camp Bucca festgehalten. Der Aufenthalt im Camp Bucca gilt als Wendepunkt in seinem Leben. Er wurde mit ehemaligen Offizieren der irakischen Armee unter Saddam Hussein festgenommen. Dieses Gefängnis ist bekannt für die Verbreitung von Hass gegen westliche Invasoren. Seine genaue Haftzeit ist nicht bekannt.

Im Jahr 2010 wurde Abu Omar al-Baghdadi durch US-Streitkräfte getötet, Abu Bakr al-Baghdadi wurde zu dem neuen Emir[19] des „Islamischen Staats" im Irak gewählt. Am 9. April 2013 rief al-Baghdadi den „Islamischer Staat im Irak und Syrien" (ISIS) aus.

Als er am 29. Juni 2014 sein selbst erklärtes Kalifat ausruft, wird er nach Ansicht seiner Anhänger zum Befehlshaber der Muslime und oberster Führer des „Islamischen Staates". Al-Baghdadi ist

---

[15]https://www.tagesspiegel.de/kultur/literatur/geschichte-des-kalifats-vom-ideal-des-weisen-herrschers-im-islam/21092950.html (20.04.2019)

[16] http://www.verfassungsschutz-bw.de/,Lde/Startseite/Arbeitsfelder/Abu+Bakr+AL_BAGHDADI_+Anfuehrer+und+_Kalif_+des+_Islamischen+Staats_(23.04.2019)

[17] Siehe bei 1.5

[18]_https://www.bpb.de/nachschlagen/lexika/islam-lexikon/21488/kalifat (20.04.2019)

[19] Emir = Befehlshaber

mittlerweile einer der meist gesuchtesten Menschen der Welt. Die USA haben eine Belohnung von 25 Millionen US-Dollar auf ihn ausgesetzt. Von den Medien bekam al-Baghdadi den Ruf des gewaltsamsten Terroristen jemals. Persönlich ist er jedoch erst einmal, bei der Ausrufung seines Kalifates, in Erscheinung getreten.[20]

1.5 SUNNITEN UND SCHIITEN

Sunniten und Schiiten sind zwei Glaubensströmungen aus dem Islam. Sie unterscheiden sich fast nicht voneinander, beide Gruppierungen leben nach dem Vorbild des Korans. Der Unterschied zwischen Sunniten und Schiiten liegt darin, dass sie jeweils einen anderen Nachfolger Mohammeds gutheißen. [21]Dieses Problem entstand durch das Fehlen eines männlichen Nachfolger Mohammeds[22]. Sunniten folgen dem Gedanken der tribalen[23] Nachfolge und Schiiten der genealogischen[24] Nachfolge Mohammeds[25].

Nach Mohammeds Tod unterstützten die Sunniten, den Stammesnachfolger von Abu Bakr, dem ersten Kalifen. Dieser war der unter Punkt 1.3 erwähnte, in Damaskus ausgerufene Kalif. Schiiten sehen Mohammeds Schwiegersohn und Vetter Ali, den letzten der vier „rechtgeleiteten Kalifen, als den rechtmäßigen Nachfolger".

Der bei 1.3 erwähnte Bürgerkrieg spaltete den Islam in diese zwei Widersacher auf[26]. Mit circa 90 % bilden die Sunniten jedoch die klare Mehrheit unter den Moslems[27]. Die beiden Gruppen findet man oft vermischt und in Frieden lebend in islamisch geprägten Gebieten, oftmals sogar in der gleichen Familie. Zwischen manchen Schiiten und Sunniten gibt es aber Spannungen, wie im irakischen Bürgerkrieg ersichtlich war. Hier wollten radikal handelnde Muslime die alte Frage klären und führten den seit über 1000 Jahren vergangenen

---

[20] https://www.spiegel.de/politik/ausland/islamischer-staat-usa-erhoehen-kopfgeld-auf-is-anfuehrer-baghdadi-a-1126340.html (21.05.2019)

[21]https://www.spiegel.de/politik/ausland/islamischer-staat-alles-wichtige-zum-is-a-1042664.html#sponfakt=11 (15.04.2019)

[22]https://www.bpb.de/nachschlagen/lexika/islam-lexikon/21488/kalifat(23.04.2019)

[23]Innerhalb des Stammes

[24]Vom gleichen Blut

[25]https://www.br.de/alphalernen/faecher/religion-und-ethik/islam-glaubensrichtungen-religion-100.html(23.04.2019)

[26]https://www.zdf.de/dokumentation/terra-x/der-konflikt-zwischen-schiiten-und-sunniten-100.html(28.04.2019)

Krieg weiter, in dem der frühere „Islamische Staat" (eine Vorstufe des heutigen IS) die radikal sunnitische Rolle einnahm und die „Volkskräfte" die Schiitische. Auch heute ist der „Islamische Staat" noch stark radikal sunnitisch geprägt[28].

2. DER KORAN ALS LEITFADEN DES „ISLAMISCHEN STAATS"?

2.1 INHALT DES KORANS

Wörtlich aus dem arabischen übersetzt bedeutet Koran „Lesung"[29] und ist die Heilige Schrift des Islams, welche die wörtliche Offenbarung Allahs an den Propheten Mohammed enthält. Aufgeteilt ist der Koran in 114 Kapitel (Suren), diese sind weiter in Verse unterteilt. Alle Suren richten sich an eine anonyme Person, die nach muslimischem Verständnis der Prophet Mohammed ist. Nach Muslimischen Glauben empfing der Prophet Mohammed den Koran etwa zwischen 610 und 632 nach Christus. Die Suren sind nicht nach Thema oder Datum sortiert, sondern nach der Länge der Suren. Es ist somit schwer den Koran zu verstehen, da durch die Durchmischungen keine chronologische Reihenfolge herrscht. Ein großes Thema im Koran ist das Leben im Dies und im Jenseits. Um ein gesundes Verhältnis zu Allah aufzubauen, wird die Wichtigkeit des Gebetes an vielen Stellen verdeutlicht. Weiterhin wird davor gewarnt die Rechte anderer zu verletzen.

Das Ziel des Menschen sollte sein, die Zufriedenheit im Islam zu finden. Ähnlich wie im Judentum wird eine Endzeitkatastrophe erwähnt, bei der über alle Menschen entschieden wird, ob sie das Paradies oder die Hölle verdienen. Um den Koran inhaltlich genauer zu verstehen muss man sich mit der religiösen und politischen Geschichte des frühen Islams beschäftigen[30].

Grob gesagt kann man im Koran die Prozesse dieser Zeit erkennen, in denen sich zentralarabische Stämme vom Heidentum abwandten und dem typischen „arabischen Eingottglauben" folgten. Zusammengefasst kann man sagen, dass der Koran das Verhältnis zwischen Allah und den Menschen und den Umgang mit den Mitmenschen behandelt[31].

[27]https://www.sueddeutsche.de/politik/islam-was-schiiten-und-sunniten-trennt-1.840806(28.04.2019)

[28]https://www.zeit.de/politik/ausland/2016-03/mossul-irak-armee-befreiung-islamischer-staat-luftangriffe-usa/seite-2(28.04.2019)

[29] Wörtlich aus dem arabischen: "Lesung"

[30] https://zeltmacher.eu/koran/ (17.03.2019)

[31]http://www.islamundkoran.net/de/welche-themen-werden-im-koran-besonders-angesprochen-2/ (22.04.2019)

Der Koran wurde nach muslimischem Glauben von Allah auf die Erde herabgesandt und ist dadurch das direkte Wort Allahs. Somit ist der Koran die wörtliche Offenbarung Allahs und darf nach muslimischem Glauben weder historisch interpretiert, noch in seinen Aussagen hinterfragt werden[32].

2.2 WER DARF DEN KORAN INTERPRETIEREN?

Die Frage wer den Koran überhaupt interpretieren darf führt zu Konflikten. Die meisten prominenten Geistlichen im Nahen Osten unterstehen staatlichen Institutionen, die der IS nicht anerkennt. Der IS wirft den Geistlichen daher vor sich nur den autoritären Herrschern zu beugen und den Koran nach deren Interessen zu interpretieren. Außerdem hält der „Islamische Staat" eine Interpretation des Korans als eine Änderung von „Allahs Wille", weshalb der Koran nur wörtlich verstanden werden darf. Dem IS wird jedoch vorgeworfen, dass eine Textstelle, die nicht im ursprünglichen Textzusammenhang steht, anders aufgenommen wird und somit auch einer Interpretation gleicht.[33]

Im Koran findet man fast zu jedem Thema etwas, zum Beispiel Mitgefühl und Hass oder Vergebung und Rache. Jede Partei wirft der anderen Gruppe dann vor, sich die für ihre Absichten passenden Themen herauszupicken. Beide Parteien handeln hier nicht nach muslimischen Grundsätzen.

Die Textstellen müssen immer im ganzen Textzusammenhang betrachtet werden und auch die Entstehungsumstände müssen berücksichtigt werden. Zusammengefasst darf niemand den Koran interpretieren, da der Koran genauso aufgefasst werden soll wie er geschrieben ist[34].

2.3 WIE BLUTRÜNSTIG IST DER KORAN?

Im Koran gibt es viele Verse, der „Islamische Staat" rechtfertigt hauptsächlich mit einem Vers seine Gräueltaten gegenüber „Ungläubigen". Dieser Vers wird allgemein als „Schwertvers" bezeichnet. Der Vers befindet sich in Sure 9, 5: „Und wenn die heiligen Monate abgelaufen sind, dann tötet die Heiden, wo immer ihr sie findet, ergreift sie, umzingelt sie, und lauert ihnen überall auf". Der Vers wurde kurz vor Mohammeds Tod verfasst, während Mohammed gegen polytheistische[35] Religionen kämpfte. Nach muslimischem Glauben kann es nur einen Gott geben. In der Vorgeschichte des Schwertverses werden nur diejenigen als „Heiden" dargestellt, die eine Religion mit mehreren Göt-

---

[32] https://www.zeit.de/2019/02/islam-koran-unterdrueckung-frauen-gewalt (24.04.2019)

[33] https://www.alrahman.de/beitrag/darf-ich-den-koran-selbst-interpretieren/ (07.05.2019)

[34] https://www.zeit.de/2016/42/hamed-abdel-samad-der-koran/seite-2 (21.05.2019)

[35] „Vielgötterei" Religionen, die mehrere Götter anbeten

tern haben und den Islam mit nur einem Gott infrage stellen und bekämpfen. In der Fortsetzung heißt es dann: „Wenn sie sich aber bekehren, das Gebet verrichten und die Almosensteuer geben, dann lasst sie ihres Weges ziehen (Sure 9,5). Im Gesamtzusammenhang betrachtet bedeutet die Sure, dass Muslime gegen all jene kämpfen dürfen, welche die Ausbreitung des Islam verhindern möchten und kriegerisch gegen den Islam aktiv sind. Somit stellt der Schwertvers eine „Erlaubnis" zur Selbstverteidigung dar und keine Aufforderung alle Andersgläubigen zu töten.

Im Koran gibt es außerdem ein Tötungsverbot: „Wer eine Seele ermordet soll sein wie einer, der die ganze Menschheit getötet hat" (Sure 2, 257). Jedoch gibt es eine Einschränkung welche Gewalttaten gegenüber jemandem erlaubt, der selbst eine Gewalttat begangen hat. Weiterhin heißt es „ein Gläubiger darf keinen Gläubigen töten". Nach der Auslegung ist ein Gläubiger nur gläubig wenn er die Ideologie des „Islamischen Staats" vertritt. Diese Hintertür verwendet der „Islamische Staat", sie argumentieren, dass ein „falscher" Glaube auch eine Sünde ist. Außerdem heißt es auch, dass der, welcher sich nach seiner Sünde umkehrt und sich bessert, dem kehrt sich auch Allah zu. Der Koran ist also ein Buch, in dem Gewalt vorkommt jedoch kein gewaltverherrlichendes Buch, da zumeist bei einer Einsicht des „Schuldigen" von der Strafe abgesehen wird. Außerdem rufen die meisten Stellen nicht direkt zur Gewalt auf sondern „umschiffen" diese Stellen und lassen viel Interpretationsraum offen.[36]

Der Glaube, dass der Koran und der Islam eine gewaltsame Religion ist, wird vor allem durch Medien und Gerüchte verbreitet. Der Name „Islamischer Staat" führt dazu, dass man den Islam direkt in Verbindung mit der Terrororganisation bringt. Dieser Irrglaube wird durch Falschaussagen noch verstärkt, der Koran ist im Allgemeinen kein gewaltsames Buch.[37]

2.4 VERGLEICH MIT DER BIBEL

Der Koran und die Bibel sind beides religiöse Schriften, ein großer Unterschied beider Bücher ist die Entstehungsgeschichte. Die Bibel besteht aus einzelnen Aufschrieben, die von Menschen niedergeschrieben wurden. Die Bibel ist somit eine Erzählung aus Menschensicht über Gott. Der Koran hingegen wurde nicht geschrieben, sondern „herabgesandt". Das bedeutet, dass die Texte von Allah verfasst wurden. Ein Unterschied beider Bücher ist somit, dass die Bibel viele menschliche Autoren hat, wohingegen der Koran von Gott verfasst wurde. Der Koran ist somit als genaues Wort

---

[36] https://www.journal21.ch/der-islam-eine-blutruenstige-religion (07.05.2019)

[37] https://www.cicero.de/kultur/islam-ist-der-koran-ein-buch-der-gewalt (17.05.2019)

Gottes zu betrachten, die Bibel dahingegen als eine Erzählung über Gottestaten aus irdischer Sicht.[38]

Ein weiterer Unterschied ist, dass der Koran nicht übersetzt werden „darf", da dies bereits als Interpretation verstanden wird. Die Bibel hingegen fordert zum Übersetzen auf, um die Bibel für die Allgemeinheit verständlich zu machen.

Jesus ist in der Bibel der Sohn Gottes, im Koran wird Jesus jedoch nicht als Sohn Gottes angesehen sondern als Prophet wie etwa Mohammed. Der Koran lehnt auch jede Form des Polytheismus[39] ab, und bezeichnet die christliche Dreifaltigkeit[40] als Ketzerei[41].

Verglichen mit der Bibel ist der Koran nicht auffällig blutrünstig, auch in der Bibel gibt es blutrünstige Verse.

Eine Analyse von Samual Osborn mit dem Titel „Violence more common´in Bible than Quran, text analysis reveals" (Textanalyse zeigt: Gewalt ist in der Bibel üblicher als im Koran). In dieser Analyse wurde festgestellt, dass die Bibel prozentual mehr gewalttätige Stellen enthält, jedoch sind in der Bibel und im Koran diese Verse während Kriegszeiten entstanden. Diese Verse sind somit nicht direkt übertragbar auf Friedenszeit.

Auch in der christlichen Geschichte gibt es gewaltsame religiöse Bewegungen, wie die Kreuzzüge. Ein großer Unterschied zwischen den Kreuzzügen und dem „Islamischen Staat" ist jedoch, dass die Kreuzzüge sich gegen Andersgläubige wie z.B. Muslime wendeten.

Der „Islamische Staat" sieht Muslime mit einer anderen Auffassung des Korans auch als Andersgläubige an. Die Kreuzzüge richten sich also gegen andere Religionen während der „Islamische Staat" hauptsächlich gegen andere Muslime kämpft.[42]

---

[38] https://www.alrahman.de/bibel-vs-koran-gemeinsamkeiten-zweier-schriften/ (17.05.2019)

[39] Glaube an mehrere Götter

[40] Glaube an einen Gott, der durch Jesus,den Heiligen Geist und Gott in Erscheinung tritt

[41] https://www.planet-wissen.de/kultur/religion/islam/pwiederkoran100.html (17.05.2019)

[42] https://www.thomasschirrmacher.info/blog/tabellarischer-vergleich-zwischen-dem-inspirationsverstandnis-von-bibel-und-koran/ (17.05.2019)

2.5 AUFFASSUNG VON MUSLIMISCHEN GLÄUBIGEN

Der Koran wird von den meisten Muslimen als Aufforderung zum Frieden verstanden.

Die Mehrheit der muslimischen Geistlichen vertritt die Meinung, dass der IS sich aus dem Koran die für ihre Absichten passende Verse herauspickt. Diese Verse werden dann nach den eigenen Interessen interpretiert und nicht im Textzusammenhang betrachtet. Andere Sätze die den Denkmustern widersprechen werden ignoriert. Muslimische Geistliche behaupten, dass der IS durch seine eigenen Interpretationen nicht den „wahren Islam" vertritt. Der „Islamische Staat" bezieht sich zumeist auf die Koran Verse, die sich auf Mohammeds Krieg gegen seine Feinde beziehen. Jedoch werden diese Verse wieder nach den eigenen Interessen interpretiert. Bei Mohammeds Krieg verbot Mohammed den Kämpfern Menschen zu betrügen und ihre Feinde auszubeuten. Er forderte keine Leichen zu verstümmeln, keine Kinder, keine Alten und keine Frauen zu töten. Außerdem durften sie keine Bäume fällen, keine Tiere töten, keine Andersgläubigen beim Gebet stören und keine Kirchen und Tempel zerstören. Der Koran untersagt außerdem, dass Gefangene getötet werden. Der IS hält sich nicht an die von Mohammed gegeben Regeln und wird deshalb von vielen muslimischen Gläubigen verurteilt. Muslimische Gelehrte vergleichen die Interpretation des „Islamischen Staates" immer mit einem muslimischen Witz:

Ein alter Mann las im Koran Sure 107 den Satz: „Wehe den Betenden". Daraufhin hörte er sofort auf zu Beten. Er hatte jedoch den zweiten Teil des Satzes nicht mitbetrachtet: „Wehe den Betenden, die nachlässig in ihrem Gebet sind"[43].

Die Mehrzahl der Muslime verurteilt den „Islamischen Staat" für seine Gewalttaten, da durch ihn ein schlechtes Licht auf den Islam fällt. Der „Islamische Staat" hat komplett andere Prinzipien als islamische Gläubige, die durch den „Islamischen Staat" mit Praktiken in Verbindung gebracht werden, die sie persönlich abstoßen.[44]

---

[43] https://www.zeit.de/politik/ausland/2015-05/is-terror-unislamisch (22.04.2019)

[44] https://www.zeit.de/politik/ausland/2015-05/is-terror-unislamisch(22.04.2019)

3. TATSÄCHLICHE UMSETZUNG

3.1 WELCHE FINANZIELLEN MITTEL BENUTZT DER IS?

Der „Islamische Staat" musste ein großes staatsähnliches Gebiet mit vielen öffentlichen Strukturen verwalten, weshalb enorme finanzielle Aufwendungen nötig waren, um diese Strukturen aufrecht zu erhalten.

Insgesamt besaß der „Islamische Staat", zu seinem Höhepunkt 2014, etwas weniger wie zwei Milliarden US-Dollar[45] mit denen er ein Gebiet der Größe Großbritanniens, indem acht Millionen Menschen lebten, versorgen musste. Zum Vergleich: Großbritannien hat um die 8 Millionen Einwohner[46/47].

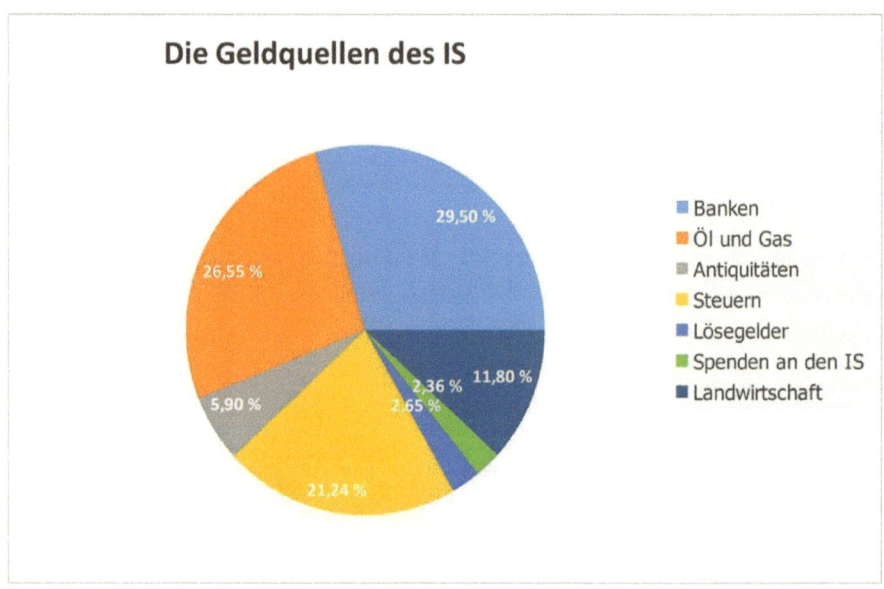

Abbildung 1: Die Finanzen des „Islamischen Staates"

(Eigene Darstellung, nach Angaben der Seite:[48])

[45] https://www.spiegel.de/wirtschaft/islamischer-staat-so-finanziert-sich-der-is-a-1063522.html(03.05.2019)

[46]https://de.statista.com/statistik/daten/studie/19319/umfrage/gesamtbevoelkerung-in-grossbritannien/(03.05.2019)

[47]_http://unipub.uni-graz.at/obvugrhs/download/pdf/1255796?originalFilename=true(03.05.2019)

[48] https://www.spiegel.de/wirtschaft/islamischer-staat-so-finanziert-sich-der-is-a-1063522.html(03.05.2019)

Dieses Vermögen kam hauptsächlich durch sieben Geldquellen zusammen: Die größte Geldquelle, welche man auch zu den Steuern zählen könnte, waren eroberte Staatsbanken, sowie eine zusätzliche Bankensteuer für private Banken. Der Verkauf von Öl und Gas bringt fast genauso viel Geld wie die Banken[49]. In den eroberten Gebieten des „Islamischen Staates" befinden sich viele ertragreiche Öl- und Gasfelder, weshalb das Öl problemlos für 18 Dollar pro Barrel[50], sprich 100 Dollar unter dem Marktpreis verkauft werden konnte. Da der IS eine gefürchtete Terrororganisation war, war der Verkauf auf dem normalen Wege, also über den Weltmarkt jedoch ausgeschlossen. Deswegen wurde das Öl erst in die Türkei geschmuggelt und von dort aus verkauft, was auch den geringen Preis erklärt[51].

Ein anderer wirtschaftlicher Faktor ist die Landwirtschaft, welche auf den ehemals irakischen und syrischen Äckern betrieben wurde. Der „Islamische Staat" konnte sich somit Großteils selber versorgen. Unter anderem verkaufte der „Islamische Staat" auch Antiquitäten aus verschiedenen Museen und Ausgrabungsstätten. Wie man sich vorstellen kann, verlangte der IS auch Steuern, zum Beispiel eine Bildungssteuer und eine Religionssteuer[52], welche von den Einwohnern des Islamischen Staates bezahlt werden musste. Der „Islamische Staat" entführte viele Einheimische und Ausländer und verlangte Lösegeld für deren Freilassung, wobei Ausländer im Fokus standen, da man mehr für sie verlangen konnte.[53]. Auch im Ausland rekrutierte Kämpfer bringen ihr Geld mit, wenn sie zum „Islamischen Staat" immigrieren.

Am Finanzierungssystem des IS kann man erkennen, dass dieses nicht für lange Zeit funktionieren konnte, da zum Beispiel nur eine begrenzte Anzahl an Antiquitäten vorhanden war. Ein sehr großer Teil der Finanzierung hängt vom eroberten Territorium ab, da die wichtigsten Geldquellen auf den Ölvorkommen, der Landwirtschaft und der dort lebenden Bevölkerung beruhen. Dadurch ist der „Islamische Staat" auf einem schwammigen Finan-

---

[49]https://www.zeit.de/politik/ausland/2017-11/islamischer-staat-finanzierung-dschihadisten-terror-oel(03.05.2019)

[50] Einheit für Öl (1 Barrel ≙ 159 Litern)

[51]https://www.world-economy.eu/nachrichten/news-international/details/article/terrorismus-ist-nicht-teuer-wer-finanziert-den-is-und-wie/(06.05.2019)

[52] https://www.br.de/nachricht/finanzierung-islamischer-staat-100.html(08.05.2019)

[53] https://www.srf.ch/news/international/dem-islamischen-staat-geht-das-geld-aus(08.05.2019)

zierungssystem aufgebaut, was man auch am Einkommen des „Islamischen Staates" 2016 sehen kann, welches nur noch etwa eine Milliarde Dollar betrug. Diese Halbierung ist auf die territorialen Verluste durch den Einsatz der Anti-IS-Kräfte zurückzuführen[54]. Es bestätigt unter anderem die nicht langfristige Orientierung der IS-Finanzen da sie viele unschuldige Zivilisten töteten, statt diese für sich arbeiten und Steuern zahlen zu lassen. Das System beweist zudem die Abhängigkeit des „Islamischen Staates" von größtenteils „gewöhnlichen" staatlichen Einkommensquellen. Nur durch diese Gelder können sie sich ihre Propaganda-Projekte und Waffenarsenale leisten.

3.2 DIE HIERARCHIE IM „ISLAMISCHEN STAAT"

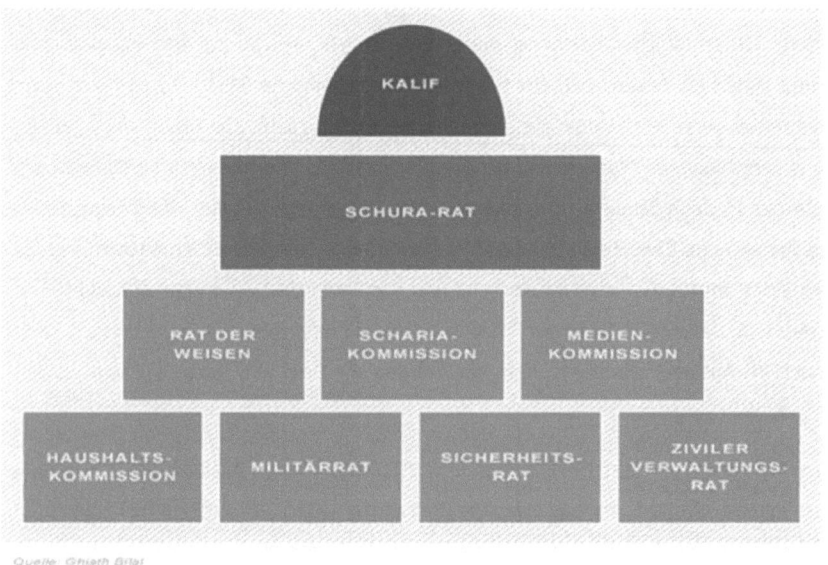

Abbildung 2: Die Herrschafts- Struktur des IS[55]

---

[54] https://www.cicero.de/aussenpolitik/islamischer-staat-kalifat-in-der-finanzkrise(06.05.2019)

[55] https://www.bpb.de/politik/extremismus/islamismus/202373/der-islamische-staat-interne-struktur-und-strategie?type=galerie&show=image&i=205423 (22.04.2019)

Die Hierarchie des „Islamischen Staates" entsteht aus den Grundgedanken des Kalifats.

Die oberste Instanz des „Islamischen Staates" ist, wie schon mehrfach erwähnt der Kalif, der die wichtigsten geistlichen sowie weltlichen Entscheidungen trifft, weswegen er in Abb. 3 an der Spitze steht.

Der Schura-Rat berät den Kalifen und unterstützt ihn bei seinen Verwaltungsaufgaben sowie bei der Überwachung der anderen Instanzen. Unter anderem regelt der Schura-Rat auch die Frage der Nachfolge des Kalifen, da der Kalif den Rat aber komplett unter Kontrolle hat, trifft er trotzdem immer die letzte Entscheidung[56].

Die nächsten Prioritäten des IS werden von drei Abteilen bearbeitet, die die Ideologie des IS verbreiten und „bewachen":

1. Rat der Weisen, er besteht aus islamischen Persönlichkeiten, wie zum Beispiel verschiedenen Stammesfürsten oder hochrangigen Gelehrten. Der Rat der Weisen ist durch seine, in der Öffentlichkeit bekannten Mitglieder verantwortlich für die Kommunikation zwischen dem Volk und der Obrigkeit, was auch bedeutet, dass dieser die Bevölkerung vom IS überzeugen will.[57]

2. Die Scharia-Kommission entspricht dem obersten Gerichtshof, welcher Richter ernennt, Gesetze erlässt und sie überprüft, ob sie mit der IS-Ideologie und der Scharia[58] zu vereinbaren sind.[59]

3. Die Medien-Kommission verbreitet die Entscheidungen der IS-Führung über die Medien in die besetzten Gebiete. Sie kontrolliert verschiedene muslimische Radiosender und Zeitschriften. Ein großer Teil der Nachrichten wird über das Sprachrohr des IS, „Amaq News Agency" verbreitet. Die Medien-Kommission veröffentlichen zusätzlich auch Anwerbevideos in europäischen Kreisen. Die

---

[56]https://www.spiegel.de/politik/ausland/is-islamischer-staat-kalif-abu-bakr-al-baghdadi-und-die-is-spitze-a-993128.html(23.04.2019)

[57]http://www.bpb.de/politik/extremismus/islamismus/202373/der-islamische-staat-interne-struktur-und-strategie?type=galerie&show=image&i=205423 (22.04.2019)

[58] Scharia: Pflichten und Verbote für Muslime, Bsp.: Kopftuch

[59]https://monami.hs-mittweida.de/frontdoor/deliver/index/docId/8408/file/BACHELORARBEIT+Nasila+Moussavi.pdf(02.03.2019)

ständige Steigerung der Anhängerzahl war ein wesentliches Standbein des IS, deswegen arbeitet die Medien-Kommission sehr professionell mit eher westlichen und kommunikativ erfahrenen Anhängern im Team[60].

Die Basis des Systems besteht aus vier weiteren Instanzen:

1. Haushaltskommission: Sie verwaltet die oben genannten Einnahmen und Ausgaben des IS.

2. Militärrat: Er übernimmt die Kontrolle und Organisation der Truppen des IS. In diesem Rat sitzen sogenannte Kateh-Führer (9-13 Personen), jede Kateheinheit umfasst drei Brigaden, welche aus 300–350 Kämpfern besteht. Also circa 1000 Kämpfer. Zu den Hochzeiten des IS standen insgesamt über 9000 IS-Kämpfer sowie weitere Sondertruppen wie beispielsweise Selbstmordattentäter zur Verfügung.[61] Der Militärrat übernimmt zudem die strategische Planung sämtlicher militärischen Aktionen, dazu gehören z.b. Waffenproduktion und langfristige Kriegsführung[62].

3. Sicherheitsrat: Er arbeitet wie ein Geheimdienst und sorgt für den inneren Schutz, besonders den des amtierenden Kalifen. In seinen Bereich fallen auch Entführungen, Morde sowie wichtige Postdienste.

4. Ziviler Verwaltungsrat: Er übernimmt die Aufgabe der nicht-militärischen Verwaltung und kontrolliert die sogenannten Wilaya, welche vergleichbar mit unseren Bundesländern sind. Im Gebiet des Islamischen Staates (Stand 2014) gab es 16 von ihnen, jedes Wilaya umfasst mehrere Katehs, diese kann man mit unseren Landkreisen vergleichen. Ein Kateh verwaltet mehrere Städte und Vororte. Der zivile Verwaltungsrat lenkt das alltägliche Leben und bewältigt die bürokratischen Anforderungen eines solch großen Territoriums[63].

---

[60]https://www.deutschlandfunk.de/medienstrategie-des-is-das-virtuelle-kalifat.724.de.html? dram:article_id=371147(02.03.2019)

[61] https://www.bpb.de/politik/extremismus/islamismus/202373/der-islamische-staat-interne-struktur-und-strategie (02.04.2019)

[62]https://anthrowiki.at/Islamischer_Staat_(Organisation) (03.03.2019)

[63]http://www.bpb.de/politik/extremismus/islamismus/202373/der-islamische-staat-interne-struktur-und-strategie? type=galerie&show=image&i=205423 (22.04.2019)

Aus dieser Hierarchie wird ersichtlich, dass der IS die veraltete Staatsform „Kalifat" an seine eigene Ideologie und an moderne Gesellschaftsstrukturen anpasst. Die Medien-Kommission ist das beste Beispiel um die Anpassung zu zeigen da sie zum einen durch die Onlinezeitung Amaq modern ist sowie zum anderen die IS Ideologie in weiten Kreisen v.a im Internet, verbreitet und vor Kritik verteidigt. Die Hierarchie weist zusätzlich Züge einer Diktatur bzw. Tyrannei auf.

3.3 KANN MAN DEN „ISLAMISCHEN STAAT" WIRKLICH ALS STAAT BETRACHTEN?

3.3.1 WIE DEFINIERT SICH EIN STAAT?

Der Begriff „Staat" leitet sich vom lateinischen Wort „Status"[64], ab und bedeutet Stand oder Zustand.

Welche Kriterien kann man benutzen, um einen Staat zu erkennen? Hierfür kann man eine einfache Analyse anhand der „Drei-Elemente-Lehre"[65] von Georg Jellinek durchführen, sie definiert einen Staat nach folgenden Punkten:

- Staatsgebiet

- Staatsvolk

- Staatsgewalt

Staatsgebiet:

Zuerst steht die Klärung einer geografisch abgegrenzten Fläche im Vordergrund. Die Größe des Gebietes spielt dabei keine Rolle, inbegriffen sind auch der Luftraum sowie die Erde unter dem Boden. Bei Küstenstaaten erstreckt sich das Staatsgebiet in einer Weite von 3 bis 12 Seemeilen auf das Meer hinaus[66].

Staatsvolk:

Dieses Gebiet wird durch die Staatsbevölkerung, ein durch die Staatenangehörigkeit verbundener Personenverband, bewohnt. Das Staatsvolk bekommt Rechte aber auch Pflich-

---

[64]https://dict.leo.org/englisch-deutsch/status(21.01.2019)

[65]https://jura-online.de/lernen/staat-3-elemente-lehre/240/excursus(21.01.2019)

[66]https://www.wissen.de/lexikon/staatsgebiet(21.01.2019)

ten, wie die Steuern[67], die das Staatsvolk einhalten muss, damit das Gemeinwohl gewährleistet werden kann[68].

<u>Staatsgewalt:</u>

Die Staatsgewalt spielt eine große Rolle, da sie effektiv ihre hoheitliche Gewalt ausübt, um eine stabile Herrschaft zu bilden, sodass der Alltag des Staatsvolkes gewährleistet werden kann. Mit Staatsgewalt ist eine Über- und Unterordnung gemeint, in der die Übergeordneten, den untergeordneten Befehle erteilen und diese, wenn notwendig, mit Zwang durchsetzen. Bekannte Beispiele für Formen der Staatsgewalt, wären eine Diktatur, eine Monarchie, eine Demokratie oder auch der Kommunismus[69].

Diese drei Elemente sind auf den ersten Blick klar ersichtlich, wenn man diese Definitionen jedoch genauer betrachtet, erkennt man, dass sie aufeinander aufbauen und ineinander verschwimmen. Dass das Staatsgebiet am Anfang und die Staatsgewalt am Ende steht, wurde nicht zufällig so gewählt. Hätte ein „Staat" kein Staatsgebiet müsste man sich die anderen Punkte gar nicht erst anschauen[70] und für die Staatsgewalt bräuchte man auch erst Personen, die diese Struktur leben und praktizieren[71].

---

[67]https://www.lernhelfer.de/schuelerlexikon/politikwirtschaft/artikel/staatsbuerger-rechte-und-pflichten(22.01.2019)

[68]https://www.consulting-plus.de/wp-content/uploads/HA-Bolten-adW-IS-Staatsfunktionen.pdf(22.01.2019)

[69]http://www.rechtslexikon.net/d/staat/staat.htm(22.01.2019)

[70] https://www.bpb.de/nachschlagen/lexika/recht-a-z/22908/staat(19.01.2019)

[71]Said, Behnam T.: Islamischer Staat. IS-Miliz, al-Qaida und die deutschen Brigaden, Bonn 2015.

3.3.2 Ist der Islamische Staat ein Staat?

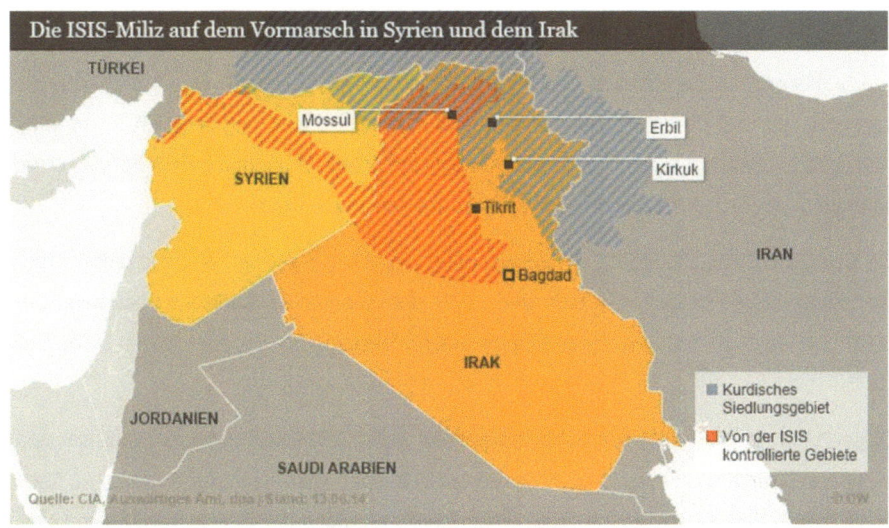

Abbildung 3 Staatsgebiet des IS (2014)[72]

Anhand der Drei-Elemente-Lehre kann man untersuchen, ob der Begriff „Staat" tatsächlich auf den Islamischen Staat zutrifft.

Zuerst wird die Grundlage der anderen Punkte, das Staatsgebiet untersucht.

In der Abbildung 1, erfasst man die Mächtigkeit der Gebiete, welche der „Islamische Staat" 2014 besetzt hatte. Auffällig ist das ungleiche Verhältnis irakischer und syrischer Gebiete, die vom „Islamischen Staat" besetzt wurden. Da er zu wenig Verwalter hatte, welche sich um die Verwaltung der Gebiete kümmerte, kontrollierte der IS diese Gebiete nicht vollständig. So waren zwar die großen Städte integriert, die ländlichen Regionen dafür kaum[73/74]. Inzwischen haben Anti-IS Truppen das gesamte Territorium zurückerobert.

Die Anhänger des „Islamischen Staates" bildeten den Kern des Staatsvolkes, es gab aber neben den Anhängern auch die Bevölkerung der eroberten Gebiete, welche meist mit viel

---

[72] https://www.dw.com/de/assad-als-verb C3 BCndeter-gegen-den-islamischen-staat/a-17784(19.01.2019)

[73]Todenhöfer Jürgen: Inside IS-10 Tage im >Islamischen Staat<, München 2015

[74]Said, Behnam T.: Islamischer Staat. IS-Miliz, al-Qaida und die deutschen Brigaden, Bonn 2015

Gewalt eingegliedert wurden und deshalb nie ein richtiges Zugehörigkeitsgefühl entwickelten.

Die Staatsform Kalifat bildet die Staatsgewalt des IS. Der Kalif wirkt Druck und Kontrolle von oben aus und bestimmt die Grundregeln des IS. Die Umsetzung delegiert er an seine untergeordneten Instanzen, die in allen Lebensbereichen ihr Aufgabenfeld haben. Diese Struktur wurde in der Hausarbeit unter Punkt 3.3 genauer erläutert[75].

Ob sich der „Islamische Staat", die Bezeichnung „Staat" verdient hat, wird mit dieser Argumentation infrage gestellt. Deutlich wird es an der mangelnden Kontrolle über seine Gebiete oder auch an dem fehlenden Staatenzugehörigkeitsgefühl der ehemaligen Iraker/Syrer[76].

Diese Punkte zeigen, dass der „Islamische Staat" selbst 2014 kein richtiger Staat war und sich heute, durch das Fehlen jeglichen Territoriums, noch weiter von der Existenz als Staat entfernt hat. Eine Staatsform benötigt einen Staat weswegen der IS kein Kalifat sein kann.

3.4 AKTUELLE LAGE DES „ISLAMISCHEN STAATES"

Ein großes Problem des „Islamischen Staates" sind die militärischen Angriffe auf den IS. Der IS wird von dem syrischen Staatspräsidenten al-Assad, kurdischen Milizen, irakischen Milizen und der internationalen Allianz gegen den „Islamischen Staat" bekämpft. Auch Deutschland ist seit dem Terroranschlag 2015 in Paris militärisch aktiv. Deutschland ist mit 1200 Soldaten, Kampfflugzeugen und Schiffen im Einsatz. Diese militärischen Aktionen sorgten dafür, dass der „Islamische Staat" mehr als 95 % seines Gebietes seit 2014 verloren hat (Stand November 2017, Internationale Anti IS-Koalition). Der UN-Sicherheitsrat und die NATO bekämpfen auf passiven Wegen den „Islamischen Staat". Sie versuchen die Finanzströme des IS zu unterbinden und die aktiven Kämpfer gegen den „Islamischen Staat" zu unterstützen.[77]

Der „Islamische Staat" hat nach neuesten Berichten mittlerweile sein komplettes Land verloren. Trotz den territorialen Verlusten ist der IS weiterhin aktiv. Der „Islamische Staat" hat zu dieser Situation ein Video veröffentlicht, in dem, vermutlich der Kalif Abu Bakr al-Baghdadi, über die neuen Ziele des IS aufklärt. In diesem Video wird eine ideologische Kehrtwende durchgeführt. Das bis-

---

[75]Reuter, Christoph: Die schwarze Macht. Der „Islamische Staat" und die Strategen des Terrors, Bonn 2015

[76]https://www.consulting-plus.de/wp-content/uploads/HA-Bolten-adW-IS-Staatsfunktionen.pdf(19.01.2019)

[77] https://www.heise.de/tp/features/Das-Kalifat-ist-besiegt-aber-nicht-der-Islamische-Staat-4347391.html (22.04.2019)

herige Ziel, die Errichtung eines Kalifats, wird mit der Begründung, dass Allah ihnen den Dschihad und nicht den Sieg befohlen hat beiseitegelegt. Diese Formulierung stellt dar, dass der „Islamische Staat" nur territorial besiegt wurde, weil er es „zuließ". Der IS möchte somit seine „Niederlage" nicht eingestehen und möchte sich nun nicht mehr auf die Eroberung von Gebieten konzentrieren, sondern auf den Einsatz für ihren Glauben. In dem Video des IS wird konkret gesagt, dass der IS jetzt noch spektakulärere Anschläge durchführen möchte. Weiterhin werden konkret Anschläge gegen Franzosen in Burkina Faso und in Mali „gewünscht". Außerdem wird in dem Video betont, wie wichtig Ausländer für den „Islamischen Staat" sind. Der IS möchte trotz den Landverlusten nicht aufgeben und weiterhin ihren Glauben durchsetzen. Dies wird jedoch schwer umsetzbar, da der „Islamische Staat" nun finanziell von Spendern abhängig ist und sich nicht mehr durch den Verkauf von Öl etc. finanzieren kann.[78]

4. FAZIT

Das wesentliche Ziel des „Islamischen Staates" ist die Errichtung eines Kalifates, eine Staatsform aus der Zeit nach Mohammed. Ein Kalifat wird durch einen Kalifen regiert und zielt auf die friedliche Vereinigung aller Muslime ab. Die Staatsform Kalifat hat jedoch noch nie funktioniert, Streitereien zwischen Machthabern sowie zwischen Sunniten und Schiiten führten schon immer zu Kriegen und anderweitigen Auseinandersetzungen. Im selbst ausgerufenen Kalifat des „Islamischen Staats" ist Abu Bakr al-Baghdadi der herrschende Kalif, auch er möchte alle Muslime unter sich und seiner Ideologie vereinen.

Ein Staat muss jedoch die Drei-Elemente-Lehre erfüllen um als Staat zu gelten. Da der IS nach dieser Lehre kein Staat ist, kann er auch sein Kalifat nicht umsetzen, weswegen die Umsetzung dieses Ziels misslungen ist.

Dies ergänzt sich noch mit der Tatsache, dass der IS andere Muslime verfolgt und ermordet. Dieser Umstand widerspricht sich mit der Einigung aller Muslime unter dem Kalifen. Inzwischen gab der IS offiziell bekannt, dass er von der Errichtung eines Kalifats abgesehen hat. Somit hat sogar der IS eingesehen, dass die Errichtung eines Kalifats nicht so leicht funktioniert, zumindest nicht auf der Grundlage der IS Ideologie und des Unwillens der Bevölkerung.

---

[78] https://www.spiegel.de/politik/ausland/abu-bakr-al-baghdadi-vom-kalifen-zum-internationalen-terror-guru-a-1265104.html (21.05.2019)

Als Islamische Vereinigung beruft sich der IS auf den Koran. Der Koran ist die Heilige Schrift der Muslime. Nach muslimischem Glauben wurde er von Allah verfasst, auf die Erde gesandt, und versinnbildlicht Allahs Wort und Wille. Der Koran kann nur als Gesamtwerk und im Kontext mit Verbindung zum historischen Hintergrund gesehen werden. Im Koran existieren zwar gewaltverherrlichende Stellen, diese werden jedoch durch Regeln und Grenzen beschränkt. Der IS legt sich die Regeln seinen Absichten entsprechend aus. Muslimische Gläubige werfen dem IS vor, den Koran nicht in seinem Zusammenhang zu betrachten und dadurch „falsch" auszulegen. Deshalb wird der IS von Muslimen sogar als antiislamisch deklariert. Selbst behauptet der IS, er sei eine islamische Gruppe, die Allahs Willen durchführe.

Die aktuellen Ereignisse machen deutlich, dass die IS-Gegner erfolgreich gegen den Islamischen Staat gekämpft haben. Seit 2014, dem Höhepunkt des IS, verhindern die Interventionen eine weitere Ausbreitung des Islamischen Staats, sowie die inzwischen völlige Eroberung des IS-Territoriums.

Die praktische Durchführung der Staatlichkeit, Hierarchie und Finanzierung des „Islamischen Staates" sind nur teilweise mit dem theoretischen Konzept, also dem Kalifat und der ursprünglichen Bedeutung des Korans in Einklang zu bringen. Die Heiligkeit des Kalifats und des Korans werden als Argumente missbraucht, um die verwendeten Praktiken zu verschleiern und zu legitimieren. Bei genauerer Betrachtung haben diese Praktiken jedoch nichts mit Heiligkeit zu tun. Stattdessen ist die Finanzierung durch Öl-Handel, Steuern, Landwirtschaft und Lösegeldforderungen, sowie die diktatorische Hierarchie und die gewaltsame Errichtung des Kalifats äußerst profan.

5. QUELLENVERZEICHNIS

Antworten auf Salafismus: Dschihad.

In: https://www.antworten-auf-salafismus.de/salafismus/jihad-dschihad/index.php,

zugegriffen am 18.01.2019

Anthrowiki: Islamischer Staat (Organisation).

In: https://anthrowiki.at/Islamischer_Staat_(Organisation),

zugegriffen am 22.04.2019

Bilal G. (23.4.2015): Der "Islamische Staat": Interne Struktur und Strategie.

In: http://www.bpb.de/politik/extremismus/islamismus/202373/der-islamische-staat-interne-struktur-und-strategie,

zugegriffen am 15.03.2019

BR.de (20.10.2014): Sunniten vs. Schiiten was trennt Muslime?

In: https://www.br.de/alphalernen/faecher/religion-und-ethik/islam-glaubensrichtungen-religion-100.html,

zugegriffen am 15.04.2019

Brockschmidt R. (21.03.2018): Geschichte des Kalifats.

In: https://www.tagesspiegel.de/kultur/literatur/geschichte-des-kalifats-vom-ideal-des-weisen-herrschers-im-islam/21092950.html,

 zugegriffen am 20.04.2019

Bpb (2015): Staat.

In: https://www.bpb.de/nachschlagen/lexika/recht-a-z/22908/staat,

zugegriffen am 27.03.2019

Bolten M. (2016): Ist der Islamische Staat ein Staat?

In: https://www.consulting-plus.de/wp-content/uploads/HA-Bolten-adW-IS-Staatsfunktionen.pdf,

zugegriffen am 22.01.2019

Cicero: Ist der Koran ein Buch der Gewalt.

In: https://www.cicero.de/kultur/islam-ist-der-koran-ein-buch-der-gewalt,

zugegriffen am 17.04.2019

Clemens Ronnefeldt(2015): Der Islamische Staat.

In: https://www.versoehnungsbund.de/sites/default/files/2015-cr-is.pdf (14.12.2018),

zugegriffen am 17.04.2019

Croll S.: Staat(3-Elemente-Lehre).

In: https://jura-online.de/lernen/staat-3-elemente-lehre/240/excursus,

zugegriffen am 21.01.2019

Deutschlandfunk (11.11.2016): Das virtuelle Kalifat.

In:https://www.deutschlandfunk.de/medienstrategie-des-is-das-virtuelle-kalifat.724.de.html?
dram:article_id=371147,

zugegriffen am 03.05.2019

Diekmann F. (23.11.2015): Die Beute-Ökonomie.

In: https://www.spiegel.de/wirtschaft/islamischer-staat-so-finanziert-sich-der-is-a-1063522.html,

zugegriffen am 22.04.2019

Glaus D. (17.02.2017): Dem Islamischen Staat geht das Geld aus.

In: https://www.srf.ch/news/international/dem-islamischen-staat-geht-das-geld-aus,

zugegriffen am 23.04.2019

Islam und Koran: Themen des Koran.

In: http://www.islamundkoran.net/de/welche-themen-werden-im-koran-besonders-angespro-
chen-2/,

zugegriffen am 22.04.2019

Journal 21: Der Islam- eine blutrünstige Religion.

In: https://www.journal21.ch/der-islam-eine-blutruenstige-religion,

zugegriffen am 17.04.2019

Kaiser S. (27.11.2017): Dschihad der Staatenlosen.

In: https://www.zeit.de/politik/ausland/2017-11/islamischer-staat-finanzierung-dschihadisten-terror-oel,

zugegriffen am 23.04.2019

Kemnitzer S. (24.04.2016): Auch Gelder aus Deutschland finanzieren die IS-Terrormiliz.

In: https://www.br.de/nachricht/finanzierung-islamischer-staat-100.html,

zugegriffen am 20.04.2019

Lernhelfer.de (2010): Staatsbürger: Rechte und Pflichten.

In: https://www.lernhelfer.de/schuelerlexikon/politikwirtschaft/artikel/staatsbuerger-rechte-und-pflichten,

zugegriffen am 20.05.2019

LEO: Übersetzung von Status.

In: https://dict.leo.org/englisch-deutsch/status,

zugegriffen am 21.01.2019

LEO: Übersetzung von Dschihad.

In: https://dict.leo.org/englisch-deutsch/Dschihad,

zugegriffen am 06.02.2019

Moussavi N. (2017): Die Instrumentalisierung der Medien durch die Terrorgruppe Islamischer Staat.

In: https://monami.hsmittweida.de/frontdoor/deliver/index/docId/8408/file/BACHELORARBEIT+Nasila+Moussavi.pdf,

zugegriffen am 22.04.2019

Neumann P. (28.02.2017): Kalifat in der Finanzkrise.

In: https://www.cicero.de/aussenpolitik/islamischer-staat-kalifat-in-der-finanzkrise,

zugegriffen am 23.04.2019

Nowroth M. und Steinacker L. (01.12.2015): Die sieben Geldquellen des IS.

In: https://www.wiwo.de/politik/ausland/islamischer-staat-die-sieben-geldquellen-des-is/12656796-all.html,

zugegriffen am: 14.04.2019

Planet-Wissen: Der Koran

In: https://www.planet-wissen.de/kultur/religion/islam/pwiederkoran100.html,

zugegriffen am 17.05.2019

Rechtslexikon.net: Staat.

In: http://www.rechtslexikon.net/d/staat/staat.htm,

zugegriffen am 22.01.2019

Süddeutsche Zeitung: was Schiiten und Sunniten trennt.

In: https://www.sueddeutsche.de/politik/islam-was-schiiten-und-sunniten-trennt-1.840806,

zugegriffen am 15.04.2019

Statista (2018): Gesamtbevölkerung Großbritannien.

In: https://de.statista.com/statistik/daten/studie/19319/umfrage/gesamtbevoelkerung-in-grossbritannien/,

zugegriffen am 15.04.2019

Salloum R. (20.01.2016): Warum Bekämpfen sich Sunniten und Schiiten?

In:https://www.spiegel.de/politik/ausland/islamischer-staat-alles-wichtige-zum-is-a-1042664.html#sponfakt=11,

zugegriffen am 15.04.2019

Sydow C. (24.09.2014): Organigramm des Terrors.

In: https://www.spiegel.de/politik/ausland/is-islamischer-staat-kalif-abu-bakr-al-baghdadi-und-die-is-spitze-a-993128.html,

zugegriffen am 22.04.2019

Szyska C.: Kalifat.

In: https://www.bpb.de/nachschlagen/lexika/islam-lexikon/21488/kalifat,

zugegriffen am 20.04.2019

Tatschl D. (2016): Das Phänomen Islamischer Staat.

In: http://unipub.uni-graz.at/obvugrhs/download/pdf/1255796?originalFilename=true,

zugegriffen am 15.04.2019

Vhs Aalen (03.05.2017): Stichworte zu Vortrag Islam und Gewalt.

In: https://www.google.com/url?sa=t&rct=j&q=&esrc=s&source=web&cd=5&ved=2ahUKEwiR1on-
WovfgAhUQZ1AKHa-vA-EQFjAEegQIABAC&url=https 3A 2F 2Fwww.vhs-aalen.de 2Fpage_
2FServe 2Fdownload 2FID 2F762 2Ff 2Fstichworte-zum-vortrag-islam-und-gewalt-vhs-mai-
2017.pdf&usg=AOvVaw1EpH2CjKYhRDzOS6Z4taeR,

zugegriffen am 10.05.2019

Wissen.de: Staatsgebiet.

In: https://www.wissen.de/lexikon/staatsgebiet,

zugegriffen am 21.01.2019

Wissen.de: Was bedeutet Genealogie.

In: https://www.wissen.de/fremdwort/genealogie,

zugegriffen am 19.05.2019

World Economy (24.05.2017): Terrorismus ist nicht teuer.

In: https://www.world-economy.eu/nachrichten/news-international/details/article/terrorismus-
ist-nicht-teuer-wer-finanziert-den-is-und-wie/,

zugegriffen am 23.04.2019

Wortbedeutungen.info: Tribal: Bedeutung, Definition, Übersetzung.

In: https://www.wortbedeutung.info/tribal/,

zugegriffen am 19.05.2019

Zdf (09.04.2017): Woher stammt der Konflikt zwischen Schiiten und Sunniten?

In: https://www.zdf.de/dokumentation/terra-x/der-konflikt-zwischen-schiiten-und-sunniten-100.html,

zugegriffen am 15.04.2019

Zdf (27.04.2019): Der Kalif des Terrors - Abu Bakr Al-Baghdadi.

In: https://www.zdf.de/dokumentation/zdfinfo-doku/der-kalif-des-terrors-abu-bakr-al-baghdadi-100.html,

 zugegriffen am 22.04.2019

Zeit.de (25.03.2016): IS profitiert vom sunnitisch-schiitischen Teufelskreis.

In: https://www.zeit.de/politik/ausland/2016-03/mossul-irak-armee-befreiung-islamischer-staat-luftangriffe-usa/seite-2,

zugegriffen am 15.03.2019

Zeit.de (30.06.2014): Was bedeutet die Ausrufung des Kalifats durch Isis?

In: https://blog.zeit.de/radikale-ansichten/2014/06/30/bedeutet-die-ausrufung-des-kalifats-durch-isis/,

zugegriffen am: 20.04 2019

Zeit.de (02.01.2019): Koran Was steht da?

In: https://www.zeit.de/2019/02/islam-koran-unterdrueckung-frauen-gewalt,

zugegriffen am 24.04.2019

Zeltmacher: Was steht eigentlich so alles drin im Koran?

In: https://zeltmacher.eu/koran/,

zugegriffen am: 29.05.2019

Literaturverzeichnis

Reuter, Christoph: Die schwarze Macht. Der „Islamische Staat" und die Strategen des Terrors, Bonn 2015.

Said, Behnam T.: Islamischer Staat. IS-Miliz, al-Qaida und die deutschen Brigaden, Bonn 2015.

Todenhöfer, Jürgen: Inside IS - 10 Tage im >Islamischen Staat<, München 2015.

Abbildungsverzeichnis

Abbildung 1:

Diekmann F. (23.11.2015): Die Beute-Ökonomie.

In: https://www.spiegel.de/wirtschaft/islamischer-staat-so-finanziert-sich-der-is-a-1063522.html, zugegriffen am22.04.2019

Abbildung 2:

Bilal G. (23.4.2015): Der "Islamische Staat": Interne Struktur und Strategie.

In: http://www.bpb.de/politik/extremismus/islamismus/202373/der-islamische-staat-interne-struktur-und-strategie, zugegriffen am 22.04.2019

Abbildung 3:

CIA, Auswärtiges Amt (13.06.2014): Die ISIS-Miliz auf dem Vormarsch in Syrien und dem Irak.

In: http://www.dw.de/image/0,,17705961_401,00.jpg, zugegriffen am 21.01.2019